INVENTAIRE
S 27,403

S

27403

# RÉPONSE

## DE J.-B. GAIL,

*Professeur de Littérature Grecque au Collège de France,*

## A LA CRITIQUE

### DE SON TRAITÉ DE LA CHASSE,

#### PAR E. CLAVIER,

*Ancien Magistrat, & maintenant Editeur du Plutarque d'AMIOT.*

---

Prix, 50 centimes.

---

A PARIS,

Chez { FUCHS, rue des Mathurins.
MONGIE, Galeries de bois, palais ci-devant Royal, n° 224.

# RÉPONSE

## DE J.-B. GAIL,

PROFESSEUR DE LITTÉRATURE GRECQUE,

*A la Critique* (1) *de son* Traité de la Chasse, *par* F. CLAVIER,

*Ancien Magistrat, & maintenant Éditeur du Plutarque d'Amiot.*

---

Paris, ce 17 Brumaire an X.

AUJOURD'HUI, 17 brumaire, je reçois le N° où vous annoncez mon Traité de la Chasse (2). Je l'attendois avec impatience. Vous sachant lié avec deux savans, dont l'un vous a donné des leçons, j'espérois que vous m'offririez le

---

(1) La critique du C. Clavier est imprimée dans le N° XII du *Magasin encyclop.* de M. Millin. Je me suis efforcé de mettre ma réponse à la portée même des personnes les plus étrangères à la littérature grecque.

(2) Voici le titre de ce volume, le 14ᵉ de la col-

A

résultat de vos doctes entretiens avec eux. Mais quelle a été ma surprise de ne trouver dans un extrait, où je voulois m'instruire, qu'un ton dur, des personnalités, & l'intention bien prononcée de me dépouiller de toute considération, & comme homme de lettres, & comme professeur. Je n'userai point de représailles, citoyen ; ce seroit m'avilir. Je vais répondre,

---

lection in-18 des Œuvres de J. B. Gail : Traité de la chasse de Xénophon, traduit en Français d'après deux manuscrits collationnés pour la première fois & accompagnés de notes critiques & de dissertations sur le pardalis, le panther & autres animaux ; faisant suite aux éditions de Buffon, imprimées par Déterville & Saugrain. Prix, 2 fr., & 3 fr. pap. vélin.

Premier chapitre. Héros grecs, guerriers & chasseurs. Ch. 2. Qualités du chasseur. Ch. 3. Des Castorides et des Alopécides. Ch. 4. Des qualités des chiens. Ch. 5. Traces du lièvre ; son gîte, ses mœurs, ses habitudes. Ch. 6. Chasse du lièvre, aux chiens & aux filets. Ch. 7. Education des chiens. Ch. 8. Chasse du lièvre en hiver. Ch. 9. Chasse du cerf. Cp. 10. Chasse du sanglier. Ch. 11. Chasse des lions, des pardalis, des lynx, des panthers & des ours. Ch. 12 & 13. De l'utilité de la chasse, & sortie contre les sophistes du temps de Xénophon.

non à vos injures, elles ne m'atteignent pas, mais à votre critique.

Chap. 1, pag. 2 lig. 17 de ma traduction : *Quoique Jupiter & Chiron eussent pour mère, l'un Rhéa, l'autre la nymphe Naïs,* &c. Vous prétendez, monsieur, que Naïs n'est pas le nom d'une nymphe, qu'il s'agit ici de Phillyre; que si Xénophon ne l'a pas désignée par son nom, c'est que personne ne l'ignoroit.

Je connois comme vous le φιλλυριδαν de Pindare, puisque je l'ai cité dans ma note. Mais Phillyre est-il bien le seul nom que l'on doive, sous peine de passer pour ignorant, donner à la mère du Centaure. Parmi les mythologues, les uns la nomment Phillyre, les autres Pélopée (1). Quant à Xénophon, il me semble qu'il l'appelle Naïs. Examinez son texte avec moi. μήτρος ὁ μὲν ʽΡέας, ὁ δὲ Ναΐδος νύμφης. Si j'adopte votre opinion, je traduirai littéralement : *l'un étoit fils de Rhée, l'autre d'une nymphe naïade.* C'est dans ce sens, je le sais, qu'Homère (liv. VI, v. 22), prend les deux mots grecs. Mais est-

───────

(1) Je ne connois ce nom que d'après le célèbre Brodeau. Xénophon de Bâle, 1555, p. 31.

ce dont une raifon pour qu'ils offrent la même acception dans notre auteur ? Laiffons le prince des poètes, mythologue exact, appeler Abarbarée *nymphe naïade*. Mais Xénophon, employant les expreffions grecques dans le fens d'Homère, n'eût-il donc pas manqué à la fymmétrie ? Après avoir nommé la mère de Jupiter, pourquoi ne nommeroit-il pas celle de Chiron ? — Elle étoit trop connue, me répondez-vous. — Et la mere du maître des Dieux étoit-elle donc ignorée ? il la nomme pourtant.

Je ne me permettrai pas de blâmer dans Homère la réunion de νυμφη ναϊς, *nymphe naïade*. Si je difois que le fecond mot étoit néceffaire à Homère, indiquant la claffe de nymphes à laquelle appartient Abarbarée; mais que le premier n'eft peut être qu'une agréable négligence, qu'un pléonasme, qu'une forme ancienne, en ufage dans les premiers temps de la poéfie, je ferois juftement appelé profane; je mériterois d'être comparé, pour la témérité, ou à Paw, qui donne des leçons au philofophe de Stagyre, ou à Scaliger, qui prétendoit enfeigner le latin à Horace. Je me bornerai donc à obferver que, lorfque Virgile adreffe fes chants aux naïades, il donne à l'une le charme de la blancheur, *tibi candida Naïs* (1); à l'autre, la palme de la beauté, *naïadum pulcherrima* (2); à toutes l'avantage de la jeuneffe, *puellæ naïades* (3); mais il n'en appelle aucune *naïades nymphes*, ou *nymphes naïades*. Nous ne trouverons pas, je crois, un feul exemple d'une telle redondance dans Virgile, poète moins érudit, moins fublime qu'Homère, mais fouvent plus grâcieux, plus précis, et d'un goût plus fûr que fon divin modèle. N'attribuons donc rien de femblable à Xénophon, qui facrifioit aux Grâces, à cet immortel écrivain, dont les Mufes empruntèrent l'organe: *Musas Xenophontis ore locutas*.

Ch. III, p. 14. *D'autres ne remuent point les oreilles, & fe battent l'arrière-train avec la queue.* Ici, dit mon Cenfeur, le citoyen Gail a été trompé par fa confiance aveugle en Zeunius, & il a, fur fon autorité, laiffé fubfifter une leçon qui n'offre aucun fens, ακρα

---

(1) *Tibi, candida Naïs*. Ecl. II.
(2) *Ægle naïadum pulcherrima*. Ecl. VI, 20.
(3) *Puellæ naïades*. Ecl. IX, 9. On connoît encore *naïada Bacchus amat*, et *formoso Naïs puero formosior ipsa*. Columella, lib. X. In Horto.

δε τη κρα σειϭιν, qui signifie, *se frappent les extrêmités avec la queue.*

A la vérité le docte Zeunius adopte la leçon que je propose. Mais il parle d'après deux éditeurs ; moi, d'après deux manuscrits. Il est donc inexact de dire que j'ai été trompé par ma *confiance aveugle* en Zeunius. Ce n'est point sur son autorité, mais sur celle de deux manuscrits que je laisse subsister ma leçon.

« *Il est évident*, dites-vous, *qu'il faut lire avec Estienne*, ακρα δε τη κρα σαινυσιν ». Quoi ! cela est évident, si vous n'avez pour vous aucun manuscrit ! Ah ! citoyen Clavier, de grace, relisez H. Estienne que vous citez bien légèrement (1). Il ne proscrit pas σειϭιν, il le croit suspect, *suspectum* ; & encore, dans la crainte de paroître audacieusement mutiler les textes, crainte que vous ne manifestez pas, il adoucit le mot *suspectum* ; il l'accompagne de *fortasse*, expression inspirée par cette modestie, citoyen Clavier, qui rend l'érudition si aimable. Il est bon de remarquer que dans sa première édition (2), l'illustre Estienne

---

(1) P. 76, l. 8 de son édition de 1581.
(2) P. 40 de ses notes. Voy. la 1ʳᵉ. édition.

n'avoit pas employé *fortaſſe*. Il le place dans la ſeconde. Il ſe reprochoit apparemment d'avoir appellé *ſuſpectum* le mot σεισιν. Vous, citoyen Clavier, beaucoup moins timide, vous proſcrivez σεισιν; & pour faire adopter une mauvaiſe leçon, vous rejettez les manuſcrits, & vous remplacez une autorité ſacrée par une autorité menſongère, & vous dites avec H. Eſtienne, qui n'en dit pas un mot : *Il est évident qu'il faut lire avec H. Estienne*, ακρα δε τη ωρα σαινσιν.

« Si le citoyen Gail a un reſpect ſi aveugle
» pour les manuſcrits, il devoit adopter la
» leçon qu'il a trouvée en marge du manu-
» ſcrit A, ακραν δε την ωραν σεισιν ». Ici encore, Monſieur, vos yeux vous trompent. Reliſez ma note, je vous prie. La voici avec la ponctuation rigoureuſement ſuivie. « Brodeau
» veut ακρα της ωρας. Leonicenus adopte la
» même leçon, que je vois en marge du ma-
» nuſcrit A ». Eh bien! ai-je donné ακραν δε την ωραν σεισιν, comme trouvée en marge du manuſcrit A. Cette leçon que vous voulez que j'adopte, n'eſt d'aucun manuſcrit; elle eſt de Leunclave, quelquefois trop hardi dans ſes conjectures.

Ch. V, p. 25. « *La trace du lièvre allant à son gîte, dure plus longemps que celle du lièvre coureur ; le premier imprime ses pas sur sa route, le second va rapidement : la terre est donc comme battue par le premier, elle est à peine effleurée par le second.*

Je l'avoue, arrivé à ce passage, j'ai soutenu une assez longue lutte avec mon auteur. Après avoir enfin trouvé, mais avec peine, ce que vous censurez avec tant de facilité, je l'ai écrit, lu & relu, croyant avoir rendu le mouvement tour à tour lent & rapide de notre auteur. Il me sembloit encore m'en être approché dans cette phrase : *La terre est donc comme battue par le premier, elle est à peine effleurée par le second.* Mais, hélas ! je n'avois pour moi que le suffrage de l'amour-propre toujours indulgent. Ecoutons l'arrêt de la critique ; il falloit traduire : *Le premier marche en s'arrêtant de temps en temps.*

Et où voulez-vous, citoyen Critique, que je place votre *en s'arrêt*ant de *temps en temps ? En, ant, emps, en, emps.* En cinq mots, cinq fois la même consonance ! Ah ! Citoyen, vous me tendez un piège. Si j'y donnois, si je faisois ainsi nasiller l'abeille attique, je m'immolerois à la risée publique; & vous, tout le premier vous ririez de ma bonhommie ; & d'ailleurs nos anciens Maîtres, ne me demanderoient-ils pas ce qu'est devenu le fruit de leurs doctes leçons ? L'ombre des Maltor, des Hérivaux (1), ces instituteurs peu célèbres, parce qu'ils ont sacrifié la gloire au bonheur d'être utiles; l'ombre de ces Maîtres révérés s'éleveroit contre moi, & me reprocheroit d'avoir oublié ce précepte de Cicéron, si connu des gens de goût, & si heureusement imité par Boileau. Souffrez, citoyen Clavier, que je rappelle à votre mémoire une leçon de collège : *Quamvis enim suaves gravesque sententiæ, tamen si inconditis verbis efferuntur, offendent aures, quarum est judicium superbissimum.*

Il est un heureux choix de mots harmonieux.
Fuyez des mauvais sons le concours odieux.
Le vers le mieux rempli, la plus noble pensée
Ne peut plaire à l'esprit quand l'oreille est blessée.

Fidèle aux leçons des grands Maîtres que

---

(1) Tous deux professeurs de la ci-devant Université de Paris.

je viens de citer, je n'adopterai donc point votre *en s'arrêtant de temps en temps*.

Encore si vous vous borniez à me proposer une mauvaise phrase. Mais non, vous voulez encore que je fasse un contre-sens avec vous.

Je connois très-bien εφιςαμαι, avec la signification de *s'arrêter*, puisque, chap. V, n° 19, où il se rencontre encore, je le traduis ainsi que vous le traduisez vous-même. Mais ici, êtes-vous bien sûr qu'il signifie *s'arrêter*, & qui pis est, *s'arrêter de temps en temps*. Etudions notre texte ensemble. Le lièvre allant à son gîte, πορευεται εφιςαμενος ; le lièvre coureur, πορευεται ταχυ. Xénophon ne veut-il pas dire du premier, qu'il marche pesamment, *incumbens humo*, en pesant sur la terre, en imprimant d'aplomb ses pas sur la terre ; & du second, qu'il effleure à peine le sol, pareil à la légère Camille, de qui Virgile a dit : *Nec tingeret æquore plantas*. Quoique ma lettre soit déja un peu longue, donnons un exemple de εφιςαμαι pris dans ce sens. Vous rejetterez peut-être εργω εφιςασθαι d'Aristote, parce qu'il y a métaphore. Eh bien ! citons un autre exemple tiré de Pollux, & employé dans le sens propre, & non figuré. Ce célèbre Philologue parle du jeu des anciens, appelé *la cotyle*, dans lequel les vaincus, faisant un creux de leurs mains, recevoient les genoux des vainqueurs, qu'ils portoient dans cette position. ὁ μεν, nous dit Pollux (1), περιαγει τω χειρε τις τυπισω και συναπτει · ὁ δε κατα το γονυ εφιϛαμενος, αυταις φερεται. Voilà, je crois, εφιϛασθαι pris dans mon sens.

Ch. V, p. 26. *Quelquefois même il* (le lièvre) *s'élance ou dans la mer pour y prendre ce qu'il peut, ou dans d'autres eaux, s'il y apperçoit quelque corps qui surnage, ou quelque production de la nature.*

« Il me semble, dit le cit. Clavier, que
» lorsqu'on traduit, on doit chercher à donner
» un sens raisonnable à l'auteur qu'on traduit.
» Si le cit. Gail avoit suivi cette règle, il n'au-
» roit pas fait dire à Xénophon, que le lièvre
» s'élance dans la mer pour y prendre ce qu'il
» peut. επι το δυνατον signifie *sur ce qu'il peut atteindre.*

En vérité, tout ceci est *questio de lanâ ca-*

---

(1) Pollux, liv. IX, ch. 7. par. 122.

*prinâ*. Mon interprétation me semble peu différer de la vôtre.

Ch. VII, p. 47. *Vous les présenterez* ( les chiennes en chaleur ), *bien reposées, à des chiens de bonne créance, afin qu'elles conçoivent plus vîte*. « Je voudrois bien que le ci- » toyen Gail nous expliquât ce qu'il entend par » des chiens de bonne créance ».

Vous allez être satisfait, citoyen. Je citerai, en faveur de mon expression, non deux ouvrages de vénérie que j'ai consultés et que je n'ai plus sous la main, mais Trévoux, 8 vol. in-folio, mais l'Encyclopédie, 35 vol. in-folio, mais le Vocabulaire français, 30 vol. in-4°., autorités d'un grand *poids* assurément.

Voici ce qu'on lit dans ce dernier. « En termes de vénérie, on appelle chien de bonne créance, un chien sûr, adroit et obéissant ».

« Le citoyen Gail a, en outre, mal rendu ce passage. Il falloit traduire : *Vous les présenterez bien reposées ; pour qu'elles conçoivent plus vîte, à des chiens de bonne race* ». Ma phrase, citoyen, est mal construite ; la vôtre ne vaut guère mieux. Peut-être même, en y regardant de près, quelqu'un diroit-il que la vôtre est détestable ; car chez vous le régime est trop loin du verbe, défaut que j'ai évité.

Ch. IX, p. 60. *Observez sur la traînée du bois la route qu'a pris le cerf.* Je n'ai point écrit *qu'a pris* ; il y auroit un solécisme, selon quelques grammairiens (1), mais *qu'a prise*. Il falloit traduire : Observez, par le sillon que le bois aura fait, la route que le cerf aura prise. Il s'agit en effet du piége que le cerf emporte à son pied, comme on le voit par la suite du chapitre, et le piége étoit en bois.

A entendre mon Censeur, je n'ai pas compris qu'il s'agit du piège que le cerf emporte à son pied, & que ce piège étoit en bois. Qu'on lise non les six mots que l'on cite isolément, mais le passage tout entier. Quant à ma note sur ce passage, la voici : « εφελκομενον (το ξυλον, le bois qu'il traîne) peint à merveille l'embarras de l'animal qui tire ce *podostrabe* (c'est-à-dire, piège). J'ai donc com-

---

(1) Et non selon d'autres, dont l'opinion, ce me semble, conduit à dénaturer la langue. Au reste, ce n'est pas ici le lieu de discuter un point de grammaire controversé.

pris, ainsi que le citoyen Clavier, qu'il s'agit du piège que le cerf emporte à son pied. Si je mérite un reproche, c'est donc pour avoir rendu avec trop de précision κατα τον ὁλκον τȣ ξυλȣ, par *sur la traînée du bois*.

Ch. X, p. 67. « Il n'est qu'un moyen de
» salut, c'est que l'un des chasseurs s'approche
» un épieu en main pour irriter l'animal,
» feignant de se retirer, mais ne se retirant
» pas en effet, de peur qu'il ne revienne sur
» le corps de son compagnon renversé ». Je me suis étrangement fourvoyé dans un passage très-facile. Mon Censeur me ramène dans le bon chemin. Je le prie d'agréer mes remercimens. Il a raison encore, page 30, où il remarque que j'ai oublié ανακαθιζοντες. Je n'avois point omis dans ma version latine ce mot qui fait image.

Ch. X, p. 63. « *Si c'est une laie, on courra*
» *dessus on la frappera, en prenant garde d'être*
» *renversé d'un coup de son arme. On seroit*
» *alors inévitablement foulé & mordu* ». Il faut traduire : On la frappera, en prenant garde qu'elle ne *vous* renverse en *vous* choquant. On seroit alors inévitablement foulé & mordu.

Sur cette courte phrase de mon adversaire que de choses à dire!

1°. *En prenant garde — en vous choquant*, voilà deux participes trop voisins l'un de l'autre.

2°. *En prenant garde, en vous choquant! en ant, en ant.* Quatre fois la même consonance dans six mots. Vous appercevez-vous que voilà une nouvelle infraction à ce précepte de Cicéron que nous citions tout à l'heure.

3°. *En vous choquant!* Quoi! citoyen Clavier, le sanglier est aux prises avec les chasseurs; l'animal est atteint d'un trait; furieux il s'élance sur son adversaire; & vous voulez que d'un coup de son redoutable boutoir il ne fasse que *choquer*. Vous n'avez donc pas lu un de ces livres que je recommande, non aux auditeurs de mon Cours de Littérature Grecque (1), mais aux écoliers du Cours élémentaire *gratuit* (2), les synonymes de l'abbé

---

(1) J'y vois des hommes dont je recevrois volontiers des conseils. L'un d'eux, qu'un jour admirera l'Europe savante, vient de m'adresser des observations où l'urbanité et la modestie le disputent au savoir. Je me ferai un devoir de les publier.

(2) Ce cours commencera, cette année, le 15 ni-

Roubaud. L'article de ce Grammairien-Philosophe est très-savant. Je ne vous citerai qu'une de ses phrases. « *Le malin, citoyen Clavier, vous choque adroitement, mais le brutal vous heurte grossièrement.*

4°. « *On* la frappera, en prenant garde qu'elle ne *vous* renverse en *vous* choquant ». Ici encore je ne puis admettre votre correction fraternelle, & pour que vous ne me jugiez pas injustement rétif à la censure, donnons des raisons, & parlons Grammaire.

D'après l'analyse grammaticale, *on* (1) représente la troisième personne, & se traduit par *il* ou *ils*. Or *vous*, seconde personne, est censé se rapporter au sujet de la proposition

---

vôse, à 5 heures du soir, & aura lieu, au collége de France, tous les jours impairs. Je prie les journalistes qui recevront cette lettre, de vouloir bien l'annoncer dans leur journal.

(1) S'il y avoit quelque différence entre *on* et *il* ou *ils*, elle consisteroit en ce que *on* fixe plus particulièrement l'attention sur les hommes, et que *il* détermine d'une manière qui n'est que générale. Voyez sur cette particule, Lhomond, Pankoucke, Restaut, Wailly, Beauzée, l'Encyclopédie, &c.

principale,

principale, qui est *il* ( le chasseur ). Vous avez donc péché contre la Grammaire, & violé ce précepte de Boileau :

> Sur-tout qu'en vos écrits la langue révérée
> *Dans vos plus grands excès* vous soit toujours sacrée...
> Sans la langue... l'auteur le plus divin
> Est toujours, quoiqu'il fasse, un méchant écrivain.

Vous prétendez, citoyen, que *toutes mes notes*, *toutes* sans exception, sont puériles. Eh! qu'auroit-on dit de moi, si j'en avois inféré d'aussi puériles que celles auxquelles vous me forcez de répondre.

Les observations que je vous fais, je me serois bien gardé de les présenter à mes auditeurs de seconde et de rhétorique, dans l'Université de Paris. Ils auroient dit tout bas : *Cet homme s'est trompé de porte, il croit que c'est ici la sixième*. Et en effet, citoyen Clavier, jamais un bon écolier, je ne dis pas de rhétorique, mais de sixième, n'auroit composé des phrases semblables à celles que vous voulez que j'adopte. J'en prends à témoin, et les anciens professeurs de l'Université (1) et leurs disciples fidèles, mes compagnons d'étude, les

---

(1) Plusieurs des anciens professeurs de cette école

B

Abrial (1), les Andrieux, les Légouvée, les Champagne, les Vigée, les Crouzet, les Anson, les Luce, les Mahéraut, les Émile Gaudin, les Séguier, les Laverne et tant d'autres.

*Ib.* p. 72. *On lui enlève difficilement ses petits ; il ne les abandonne pas à eux, qu'ils ne soient grandis.*

Leunclave lit ἕως ἂν μικρὰ ᾖ, & M. Clavier défend cette leçon. Je ne puis l'admettre, non par une *confiance aveugle* en Zeune, mais parce

---

célèbre, languissent dans la misère, privés de leur emerite, c'est-à-dire du fruit de vingt années de travaux. J'apprends avec joie que le gouvernement s'occupe du sort de ces hommes respectables, & qu'à l'envi l'un de l'autre, le ministre de l'intérieur et le préfet de Paris, rappellent à l'héritage de leur mère, ses enfans dispersés.

(1) Vous connoissez ce ministre ainsi que moi ( je vous ai rencontré chez lui ). Cherchez dans ses proclamations, dans sa correspondance publique, dans ses discours adressés à la jeunesse du Prytanée Français, dans ses lettres particulières, si comme moi, vous en avez reçu, cherchez quelques locutions qui puissent servir d'autorité aux vôtres, vous n'en trouverez pas. Les élèves de l'Université savent écrire, parler, et sur-tout bien penser.

qu'elle n'est pas conforme aux manuscrits (1).

Ch. XIII p. 82. « Je blâme encore les ex-
» preſſions recherchées dont fourmillent leurs
» écrits, tandis qu'ils n'offrent pas un ſeul prin-
» cipe capable de former les jeunes gens à la
» vertu. Il falloit traduire : Je les blâme de ce
» qu'ils s'occupent beaucoup du *choix* des mots
» et nullement des maximes ſages capables de
» former les jeunes gens à la vertu ».

A cette critique, voici ma réponse : On
blâmera un écrivain d'affecter des expreſſions
recherchées, mais jamais de faire un *choix* de

___

(1) Mon reſpect pour le texte des manuſcrits m'a valu plus d'une cenſure. Je ne me corrigerai cependant pas. Loin de renoncer à cette partie de mon travail, je collationne de nouveau le Mss dont je n'ai offert autrefois que des variantes incomplètes, et j'indique exactement les ſources où je puiſe. Faute d'avoir pris ce ſoin dans le premier ouvrage que je donnai en ſortant du collége, je ſuis hors d'état de répondre au docte M. Bast, qui me demande où j'ai pris l'excellente leçon χρημα παγγελοιον. Ce premier ouvrage de ma jeuneſſe eſt adopté dans nos écoles, parce que le texte en eſt pur et les caractères beaux; mais les notes en ſont foibles, quelques-unes même inexactes.

mots, je crois avoir rendu la force de ῥήματα αυτοῖς ἐξηγῆσαι.

Je ne suivrai pas mon adversaire dans deux ou trois autres critiques qui m'ont paru, ou futiles, ou inintelligibles ; passons à une discusion beaucoup plus importante, dans laquelle même les personnes les plus étrangères à la littérature grecque peuvent être juges.

P. 8, l. 14, je traduis : χρη δε τον μεν αρκυωρον... Un bon chasseur doit être grec, âgé d'environ vingt ans, &c.

« *Le bon sens*, me dites-vous, devroit me faire *sentir que* Xénophon, *qui* regardoit la chasse comme un amusement, ne pouvoit pas déterminer l'âge de celui *qui* vouloit s'y livrer, tandis *qu'il* étoit tout naturel *qu'il* déterminât celui du gardien de filets, *qui* étoit toujours un esclave : il exige *qu'il* soit grec, pour *qu'il* puisse entendre les ordres *qu'on* lui *donne et y* répondre. Il faut donc lire αρκυωρον.

Dans une même phrase trois *qui*, quatre *qu'il*, en tout cinq *que* ! Cette phrase lourde, décousue, chargée d'incises et embarrassée dans sa marche, et puis le bon *sens* qui devroit me faire *sentir*, tout cela ne doit-il pas m'étonner dans une diatribe où vous me reprochez un misérable ftyle, un ftyle en général obfcur ? Mais avançons ; il s'agit ici des chofes et non des mots.

Ou M. Clavier ne m'a point fait l'honneur de lire mon difcours préliminaire, ou il m'a lu avec fort peu de bienveillance. Je crois y avoir démontré (1) que notre auteur parle de la chaffe, non *en amateur*, mais *en homme d'état*. En donnant les *Cynegétiques*, ou *traité de la chaffe*, cet excellent écrivain fe propofoit un but politique, celui de rendre les Athéniens à ce goût pour la chaffe qui avoit fignalé ses ayeux, de tirer de sa léthargie un peuple dégénéré, fubjugué par la molleffe, et fongeant peu à fe défendre contre fes ennemis extérieurs. Cette idée n'étonnera que ceux qui, tout à fait étrangers à l'antiquité, ignoreroient que la chaffe étoit moins alors un simple amufement, qu'un dur apprentiffage du métier des

---

(1) J'invite mes lecteurs à lire mon difcours préliminaire ; mais particulièrement les chap. I, II, XII & XIII On y trouvera, je crois, la preuve de tout ce que j'avance.

armes. Je pourrois accumuler les preuves qui viennent à l'appui de mon opinion : je renvoye mon adverfaire à Xénophon. (1). Le but de cet écrivain, C. Clavier, a été bien senti par un favant dont le fuffrage pourroit balancer le vôtre, le citoyen Lacépède. Sa lettre m'arrive en même temps que votre diatribe. *Sunt bona mixta malis !* voici une de fes phrafes que je vous invite à méditer. « Citoyen, je viens de terminer la lec-
» ture de l'ouvrage que vous venez de tra-
» duire : j'y ai admiré la variété des connoif-
» fances, la difpofition du fujet, la vivacité
» des images et *les vues de l'homme d'état.* »
Au milieu de fentiers épineux, votre main, C. Lacépéde, veut bien m'offrir une fleur : graces vous soient rendues.

Tout ce qui précéde la phrafe que je viens de citer, et tout ce qui la fuit, eft trop flatteur pour que je puiffe le tranfcrire.

Au témoignage de ce docte interprête de la nature, j'aurai occafion de joindre dans ma seconde lettre celui de son célébre collègue le C. Cuvier.

---

(2) Aux ch. I, II, XII, XIII de son Traité de la chaffe.

« Persuadé que notre auteur recommandoit
» la chasse comme un simple amusement, vous
» pensez qu'il n'a pas voulu déterminer l'âge
» de celui qui vouloit s'y livrer, tandis qu'il
» étoit tout naturel qu'il déterminât celui du
» gardien des filets qui étoit toujours un es-
» clave.. En conséquence, ajoutez vous, lisons
» αρκυωρον ». ( I )

Je lirai avec vous αρκυωρον, si vous le prenez dans le sens de *chasseur*, mais si vous prétendez qu'il signifie le gardien du filet, je rejette votre leçon.

Pour fixer le sens de ce mot, ne le prenons pas isolement : considérons ce qui suit, ce qui précéde, tout l'ensemble du chapitre, et nous

---

(1) Il y a 15 jours, un savant me rencontre et me dit : A propos, dans vos Cynégétiques, vous avez fait un contre-sens à αρκυωρον. — N'est-ce pas vous qui vous trompez, lui répondis-je ? αρκυωρον, qui signifie *gardien des filets* ( comme ch. V, 5. ), se prend aussi dans le sens de chasseur. — Je quitte mon homme : à vingt pas de-là, je rencontre un autre savant : Eh bien, vous n'avez donc rien compris au mot αρκυωρος. On vous prépare une rude critique. αρκυωρος avoit apparemment fait bien du bruit dans un certain tripot.

verrons qu'il s'agit non d'un garde filet, non d'un esclave grec, mais d'un chasseur, mais d'un homme libre. Voici comme s'exprime Xénophon au commencement du chapitre II. « *J'exhorte les jeunes gens à ne point dédaigner la chasse... Au sortir de la classe des enfans, on s'occupera d'abord de la chasse et ensuite des autres parties de l'éducation, mais en consultant sa fortune* (1).

Quoi ! Xénophon recommande la chasse & les autres parties d'une éducation libérale, d'une éducation qui exigeoit de grandes dépenses, & vous voulez, monsieur, que tout ceci s'adresse à un garde-filet & non à un chasseur ; à des esclaves & non à des jeunes gens de condition libre. Ah ! monsieur, que vous êtes dans l'erreur ! Si ce n'est point une erreur volontaire, si vous desirez d'en sortir, lisez plusieurs passages que je renvoie en note (2) pour ne pas interrompre

---

(1) Ici on m'opposera peut-être un certain passage de la république d'Athènes : Ma réponse est prête.

(2) Pourquoi nos ancêtres ont-ils voulu que la chasse fît partie de l'éducation de la jeunesse ? C'est qu'ils croyoient que, bien différent de ces plaisirs honteux qu

la férie des preuves. Veuillez les lire : Xénophon les donne avec cette antique simplicité qui caractérise l'école de Socrate.

Continuons d'écouter Xénophon. C'est toujours dans le chapitre 11 que je puise mes preuves.

*Je vais parler des qualités que l'on* ( le chaf-

---

ne demandent pas d'étude, elle n'interdit aucune des occupations honnêtes. Ils comprenoient que cet exercice rend les jeunes gens réservés et justes, en les élevant à l'école de la vérité, que c'étoit à la chasse que l'on devoit les bons soldats et les bons généraux. Ceux qui veulent dominer dans leur pays, font la guerre aux hommes ; les chasseurs ne la déclarent qu'à des bêtes féroces, à des ennemis de l'homme. Ils méprisent tout gain sordide, toute action lâche. Leur langage décèle la générosité de leur ame.... Si donc les jeunes gens se rappellent mes conseils et qu'ils s'y conforment, ils seront religieux, respectueux envers la divinité, persuadés qu'ils l'ont pour témoin de leurs actions. Ils feront la joie de leurs parens ; ils deviendront le soutien de leur patrie, de leurs amis, de leur concitoyens, &c,

Encore une fois, cit. Clavier, est-ce donc à un esclave, à un garde-filet, que s'adresse cette doctrine ? N'est-ce pas à ses concitoyens, à la jeunesse de son pays, que s'adresse l'homme d'état ami de son pays.

feur ) *doit avoir, & des préparatifs que l'on doit faire.*

D'après cette phrase & les précédentes, je me suis attendu tout naturellement à l'exposé des qualités du chasseur, & j'ai traduit : *Un bon chasseur doit être Grec, âgé d'environ vingt ans, avoir une taille svelte, un corps robuste, un courage à l'épreuve. Avec ces avantages, il surmontera la fatigue ; la chasse ne lui offrira que du plaisir.* Réfléchissez bien sur cette dernière idée, citoyen Clavier, mais sans oublier ce qui précède : « Avec ces avantages, *il* surmontera la fatigue ; la chasse ne *lui* offrira que *du plaisir* ». De qui s'entendent *il* & *lui* ? Du gardien des filets, d'un esclave, me répondez-vous. S'il en est ainsi, monsieur, je vais changer le titre de mon ouvrage, & adopter celui-ci : *Traité de la chasse, composé au sein d'une république grecque, en faveur des esclaves.* Mais si ce titre est mauvais, n'allez pas me dire que je n'ai pas le sens commun, ou ce qui est plus élégant, mais pas très-poli, que le bon *sens* devroit me faire *sentir*, &c.

Lorsque l'on veut faire sourire la malignité, il faut assaisonner les invectives d'un peu de sel attique. En conscience, en trouvez-vous assez dans ces mots : Le bon *fens* devrait lui faire *fentir*. J'obferverai, en parenthèfe, que ce pronom *lui* fe rapporte à J. B. Gail.

Page 504, dans fon éloquente péroraifon, l'orateur Clavier prétend que je ne devrois pas me faire imprimer. Citoyen Clavier, vous me traitez auffi durement ici que vous le faites dans certaine cotterie fcientifique. Vous ignorez donc que mes travaux m'ont obtenu les encouragemens de MM. Suard, Barthélemy, Roederer, la Harpe, Dutheil, Sainte-Croix, Geoffroy, Sélis, Ginguené, Garat, Mercier, Cabanis (1, Fontane, Saint-Ange, le Noir la-Roche, Efménatd, Anfon, Caftel, et de Bonniere mon infortuné & vénérable ami. Avec de pareils fuffrages & l'approbation du public, qui les fanctionne, puifque mes œuvres trouvent un grand nombre de lecteurs, on peut fe confoler de vos mépris.

Je les oublierai vos mépris & vos injures, tandis que je me fouviendrai toute ma vie de ceux qui m'ont foutenu à mon entrée dans la carrière littéraire, de Dalembert qui aimoit à

---

(1) Les critiques aimables de ce littérateur plein de goût, m'ont été bien utiles.

encourager, de Dumouchel qui rendit un compte si flatteur de mes premiers essais ( les Dialogues des morts ), et qui dans son rectorat me nomma, très-jeune encore, examinateur des exercices de rhétorique, avec MM. Maltor, Hérivaux, Noel & Cerisier.

A ces honorables suffrages de mes compatriotes, j'en pourrois joindre quelques-uns pris chez les étrangers. Mais en même temps, je ne puis me dissimuler que parmi eux plus d'un érudit pourroit me reprocher, comme M. Weiske dans sa dernière lettre, de m'attacher presqu'exclusivement à la correction du style (1), & de ne pas m'occuper assez de la partie de la critique. « Je souhaiterois, dit ce docte Allemand,
» qui, sans avoir jamais quitté son pays, écrit,
» citoyen Clavier, beaucoup plus purement que
» certains Français, je souhaiterois qu'il vous

---

(1) La quatrième page de la lettre de M. Weiske, est écrite avec tant de grâce d'esprit & en termes si choisis, qu'on la croiroit non d'un Allemand, mais d'un littérateur français. Je ne puis néanmoins la transcrire, parce qu'elle est toute entière un éloge adressé à l'adversaire du cit. Clavier.

« eût plu de donner, dans les passages difficiles,
« toutes les variantes des manuscrits que vous
« avez trouvés dans la Bibliothèque nationale ».
Bientôt, je l'espère, s'accomplira le vœu de
M. Weiske. Ce travail effrayant approche de son
terme. Lorsqu'il paroîtra, lorsque je publierai
ma traduction complète de Xénophon, lorsque
j'offrirai aux savans des variantes précieuses de
manuscrits collationnés pour la première fois, et
des dissertations faites avec soin, peut-être alors
obtiendrai je, même comme critique, quelque
suffrage chez l'étranger (1).

Je viens de relever de nombreuses erreurs,
de prouver à mon adversaire qu'il a violé toutes
les règles de l'harmonie, du bon goût, de la
logique, des bienséances, de la vérité. Je
regrette de m'être vu réduit, pour la première
fois de ma vie, à la triste nécessité de me défendre et d'accuser : mais (2) j'étois attaqué,

---

(1) Voyez, préface de mon anthologie grecque, p. vij
& suiv., quelques observations, & sur ce travail en général, & sur l'histoire grecque en particulier.

(2) Le cit. Clavier est mon agresseur : un agresseur
pardonne bien rarement. J'aurai donc en lui, peut-être

j'ai du répondre. Au reste, j'ai peut-être tort de me trouver blessé. Le cit. Clavier a de bonnes intentions; c'est mon bonheur qu'il veut. Il sait que depuis 12 ans, depuis 4 ans sur tout, je mène une vie laborieuse : il voudroit m'épargner des veilles inutiles. Il me juge incapable, et *n'ayant rien de ce qu'il faut* (1) pour marcher

---

pour la vie, un ennemi déclaré. Je dois prévenir les véritables gens de lettres, les amis de la décence et des bienséances, que j'ai fait tout ce qu'il étoit en moi pour éviter une lutte malheureuse. Depuis plus d'un an, instruit par plusieurs personnes que M. Clavier me déchiroit & au milieu de ses dîners et chez des hommes en place, & dans une réunion littéraire, j'allai voir & le cit. Clavier lui-même & M**., homme droit & pur, son ami & le mien. Je n'oubliai rien de ce que peuvent suggérer la prudence et l'amour de la paix. Je dis à tous deux que je serois reconnoissant des observations même sévères; mais je me flattois qu'il n'y entreroit ni invectives ni personnalités. Je n'obtins du cit. Clavier qu'une réponse ambiguë.

Avant cette visite dont je parle, je rencontrai M. Clavier chez M. Lemoine, instituteur. Prompt à saisir toutes les occasions d'appaiser un ennemi, je l'abordai, je le saluai. Quelle fut la réponse de cet homme implacable ? Je ne puis me résoudre à la répéter.

(1) Magaz. Encyclop. p. 504

modestement dans la catrière qu'il parcourt, dès son début, à pas de géant. Il désire que je me tienne tranquille. Il ne me le commande pas impérieusement : c'est un vœu qu'il exprime en ces termes, qui font honneur à son bon naturel ; « *Je ne puis m'empêcher*, en finissant cet article, *de plaindre* le cit. Gail de ce qu'il se croit dans la nécessité de donner des éditions et des traductions des auteurs classiques ». Le bon monsieur Clavier ! C'est pour moi un dieu protecteur !

*Illius aram*
*Sæpe tener nostris ab ovilibus imbuet agnus.*

Me permettra-t-il en finissant, non de le plaindre, car je le crois toujours content de lui-même ; mais de lui demander pourquoi, lorsqu'il attaque mon style, il s'avise d'écrire gothiquement. Voici un échantillon de la manière de l'Aristarque Clavier.

Page 492 du magasin encyclopédique. *Sachant que le citoyen Gail, &c.* Voilà les premiers mots de la philippique de Démosthène Clavier. Eh ! quel prosateur a jamais débuté par un participe ? Page 493, et le *bon sens* devait lui faire *sentir*.... *Sens*, *sentir*, ah ! citoyen Clavier.

Voyez p. 493 le reste de cette phrase polie, élégante & légère dans sa marche.

Page 495 ( du magazin encyclopédique ) *Ce qui arrive quelquefois, au moins à ce que j'ai vu dans l'encyclopédie, qui est le seul livre où l'on traite de la chasse, que j'aie sous la main.* Quoi ! citoyen Clavier, vous avez *la chasse sous la main !* Jadis vous étiez magistrat ; auparavant auriez-vous été procureur au châtelet ? en voilà le style. Cette locution est aussi vicieuse que celle ci : *Donnez-moi du bouillon pour ma mère qui est malade dans un pot.*

*Vous avez la chasse sous la main !* mais vous avez aussi l'encyclopédie, *à ce que* vous nous apprenez (1). Comment n'en profitez-vous pas pour y étudier les règles de la particule *on*, & la définition du mot chiens *de bonne créance* (2).

Je les ai consultés moi, et, encore vous me traitez comme un étourdi, et vous pro-

___

(1) Je prends à *ce que* au cit. Clavier. Je n'ose plus écrire d'après moi-même. J'ai un style *en général* si mauvais !

(2) Voyez sur la particule *on* et sur *chiens de bonne créance.* p. 18.

noncez que *je n'ai rien de ce q l'il faut* (1) *pour un genre de travail qui exige sur-tout une extrême attention à laquelle ma vivacité ne paroît pas pouvoir se plier* ». Cette phrase est assez bien écrite ainsi que la suivante : « Ce n'est en effet qu'à ce défaut d'attention que j'attribue ce grand nombre de fautes que le moindre écolier auroit évitées ». Je transcris l'observation de mon maître parce qu'elle console un peu mon amour propre ; et d'ailleurs elle m'apprend qu'avec *un peu d'attention* je pourrai faire quelque chose. Et dans le fond il ne faut pas désespérer de moi puisque je ne suis point âgé, & que j'ai du goût pour l'étude, et de la *vivacité*. Mais ne perdons point de vue le style de E. Clavier.

Page 492. *Sachant.* Nous avons fait une observation sur ce premier mot de la diatribe.—Page 496, *en s'arrêtant de temps en temps*—P. 500 jusqu'à ce qu'*en se poussant en avant.*—P. 501, *en* pren*ant* garde-*en* vous choqu*ant.* Vous aimez les phrases nasillardes, mon cher maître. Si vous

---

(1) Dans ma deuxième lettre, cit. Clavier, je serai plus juste pour vous que vous ne l'êtes pour moi.

C

en employez beaucoup de semblables dans votre édition du Plutarque d'Amiot, vous n'aurez point d'acheteurs & vous ruinerez votre libraire, le citoyen Cussac.

Page 498. *Après avoir lié ses chiens au bois.* Comment, citoyen Clavier, tout à l'heure *vous aviez la chasse sous la main*, à présent *vous liez vos chiens au bois*, ne seroit-ce pas là, sinon du style de procureur, au moins du janotisme tout pur. Si je vous croyois lorsque vous me dites tantôt que *vous avez la chasse sous la main*, tantôt que *vous liez vos chiens au bois*, c'est pour le coup que vous triompheriez, & que le visage resplendissant de joie, vous vous écrieriez : « Eh bien ! mes bons amis, n'ai je pas raison de répéter sans cesse que ce Gail est un imbécille à mystifier comme Poinsinet ».

Pag. 499, *c'est à peine s'il y a un mot de tout cela.* Pag. 502, *car il auroit eu tout aussi-tôt fait de les expliquer tout de suite.* Quoi ! vous vous constituez aux yeux de l'Europe savante, l'arbitre suprême du bon goût et de l'érudition, et c'est ainsi que vous écrivez ! et c'est avec un pareil style que vous m'insultez et me conseillez de quitter la carrière littéraire. Bientôt, en effet, j'y paroîtrai rarement, non par soumission à vos conseils, mais parce que je ne tarderai pas à commencer l'éducation d'un fils qui déjà me donne de grandes espérances.

Un personnage de l'antiquité, dans une circonstance attendrissante, prit son enfant dans ses bras : Jupiter, s'écria-t-il, *voilà mon fils, qu'il marche sur mes traces, qu'il fasse admirer aux Troyens sa valeur, et qu'au retour du champ de bataille, quelqu'un s'écrie : il a surpassé son père*, ϰάρρος ὅ γε ἀμείνων. Mon vœu à moi, le voici : Puisse mon fils aimer l'instruction & plus encore la vertu ; qu'il soit bon, juste, incapable de nuire & sur-tout qu'il me surpasse en bonheur. Je l'ai éloigné de moi pour répondre aux ennemis de son père ; lorsqu'il reviendra, je l'embrasserai, & j'oublierai mes peines.

M. Clavier termine son article en prévenant le public contre une de mes *ruses*. Je prouverai dans une seconde épître que je n'ai employé ni ruses, ni fausses citations. Mon adversaire en prouveroit-il autant pour son compte ? Je démontrerai, je l'espère, ce que j'ai avancé, dans mon Traité de la Chasse, sur plusieurs erreurs commises par l'illustre Buffon; mais je prendrai mon temps, parce que d'intéressans travaux m'occupent, & que je ne suis point aux ordres de la haine.

GAIL, *Professeur de littérature grecque, au Collège de France.*

---

NOTA. Une heure avant de livrer mon manuscrit à l'impression, j'en ai donné lecture à deux membres de l'Institut. Docile aux conseils d'une amitié éclairée, j'ai supprimé deux pages dans lesquelles je faisois mention d'une lettre écrite, non par un anonyme, mais par un homme connu qui la signe. Prenez garde à vous, me dit-on, les *méchans sont nombreux.*

Que les méchans en général soient nombreux, je sais cela. Que j'aie des ennemis, je sais encore cela; car j'en ai prévenu, il y a plus de six mois, un Ministre qui m'honore de sa bienveillance; mais que ces méchans ayent conçu un certain projet aussi odieux que ridicule, c'est ce que j'ignorois, et dont m'informe une phrafe que l'on m'a conseillé de ne pas rendre publique.

---

Au moment où l'imprimeur m'apporte la dernière feuille, je reçois de nouvelles preuves de la fureur de mes ennemis. Je les renvoie à une feconde lettre. Ce feroit trop long-temps occuper le public de mes peines.

---

On me remet à l'inftant même des lettres de plufieurs de mes auditeurs. Voici un paffage remarquable de l'une d'elles. « Si dans le paragraphe relatif aux Alopécides notre critique ne donne pas une haute idée de fes connoiffances grammaticales, dans le fuivant il ne se montre pas meilleur naturalifte. Je voudrois bien qu'il nous indiquât les races de chiens qui remuent feulement le bout de la queue, tandis que le tronc refte immobile. Les chats, il eft vrai, donnent à l'extrémité de leur queue un mouvement oscillatoire et vermiculaire, qui eft produit en conféquence de la fituation, et du nerf qui traverse cette partie ; mais la nature a refusé aux chiens cette même faculté. Observation minutieuse, sans doute ; mais est-ce ma faute, si votre critique ne sait faire que des notes puériles. Avec son ingénieuse distinction de la queue et du bout de la queue, je crains bien qu'il n'ait montré le bout de l'oreille, cet homme *nouveau*, qui ose prendre vis-à-vis de vous le ton d'un pédagogue »! &c., &c.

www.ingramcontent.com/pod-product-compliance
Lightning Source LLC
Chambersburg PA
CBHW060940050426
42453CB00009B/1102